essentials

Essentials liefern aktuelles Wissen in konzentrierter Form. Die Essenz dessen, worauf es als „State-of-the-Art" in der gegenwärtigen Fachdiskussion oder in der Praxis ankommt. Essentials informieren schnell, unkompliziert und verständlich

- als Einführung in ein aktuelles Thema aus Ihrem Fachgebiet
- als Einstieg in ein für Sie noch unbekanntes Themenfeld
- als Einblick, um zum Thema mitreden zu können.

Die Bücher in elektronischer und gedruckter Form bringen das Expertenwissen von Springer-Fachautoren kompakt zur Darstellung. Sie sind besonders für die Nutzung als eBook auf Tablet-PCs, eBook-Readern und Smartphones geeignet.

Essentials: Wissensbausteine aus den Wirtschafts, Sozial- und Geisteswissenschaften, aus Technik und Naturwissenschaften sowie aus Medizin, Psychologie und Gesundheitsberufen. Von renommierten Autoren aller Springer-Verlagsmarken.

Wolfgang Leitner

Logistik, Transport und Lieferbedingungen als Fundament des globalen Wirtschaftens

Eine Einführung

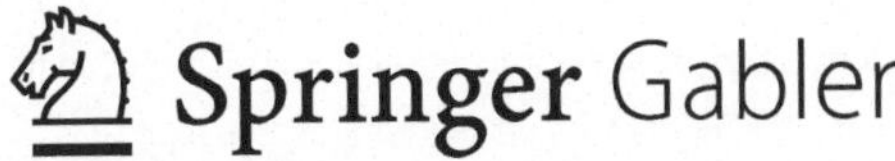 Springer Gabler

Mag. Wolfgang Leitner
Fachhochschule Kärnten
Villach
Österreich

Dieser Beitrag war ursprünglich Teil des Buches Grundlagen Export und Internationalisierung, herausgegeben von Dietmar Sternad/Meinrad Höfferer/Gottfried Haber, Springer Gabler, und wurde überarbeitet.

ISSN 2197-6708   ISSN 2197-6716 (electronic)
essentials
ISBN 978-3-658-10714-7   ISBN 978-3-658-10715-4 (eBook)
DOI 10.1007/978-3-658-10715-4

Die Deutsche Nationalbibliothek verzeichnet diese Publikation in der Deutschen Nationalbibliografie; detaillierte bibliografische Daten sind im Internet über http://dnb.d-nb.de abrufbar.

Springer Gabler

Gedruckt auf säurefreiem und chlorfrei gebleichtem Papier

Springer Fachmedien Wiesbaden ist Teil der Fachverlagsgruppe Springer Science+Business Media
(www.springer.com)

- Die Formen des Gütertransports mit den spezifischen Vor- und Nachteilen
- Der Logistikdienstleistungsmarkt im Überblick
- Auswahlkriterien für Logistikdienstleister
- Lieferbedingungen und Internationale Commercial Terms (INCO-Terms)
- Grundlagen der Frachtkostenkalkulation

Vorwort

Die operationalen Prozesse der TUL-Logistik[1] (Kontraktlogistik), einige davon werden später noch schwerpunktmäßig beschrieben, haben in den letzten Jahren insbesondere durch die Globalisierung von Beschaffung, Produktion und Distribution an Bedeutung gewonnen, naturgemäß hat sich allerdings auch deren Komplexitätsgrad entsprechend erhöht. Dies gilt insbesondere in den Dimensionen Flexibilität, Lieferzeit und Liefertreue sowie den Kostenanforderungen aufgrund der Bedürfnisse des Marktes bzw. der Konsumenten als auch aufgrund der steigenden Modularität der Produkte und damit der Wertschöpfungsketten.

Vor diesem Hintergrund soll im vorliegenden Essential auf ausgewählte Teilbereiche dieser TUL-Logistik näher eingegangen werden.

---

[1] TUL-Logistik: Transport-, Umschlag- und Lager-Logistik.

Inhaltsverzeichnis

Einleitung

1

Unternehmen können die Transportabwicklung entweder im **Eigenbetrieb** durch unternehmenseigene Transportmittel durchführen, oder im **Fremdbetrieb** beispielsweise über Speditionen/Frachtführer abwickeln (Büter 2010). Im internationalen Handel ist es jedoch meist so, dass die physische Transportabwicklung im Fremdbetrieb mit Hilfe von spezialisierten, international-tätigen Dienstleistungsunternehmen durchgeführt wird (Schütt 2011), wie überhaupt viele Bereiche der Logistik inzwischen als klassische Outsourcing-Bereiche gelten.

© Springer Fachmedien Wiesbaden 2015

W. Leitner, *Logistik, Transport und Lieferbedingungen als Fundament des globalen Wirtschaftens*, essentials, DOI 10.1007/978-3-658-10715-4_1

Formen des Gütertransports 2

Im Allgemeinen unterscheidet man die folgenden fünf Transportarten, auf die in den nachfolgenden Abschnitten genauer eingegangen wird:

2.1 Straßengüterverkehr
2.2 Eisenbahngüterverkehr
2.3 Schifffahrtsverkehr (Binnenschifffahrts-, Seefrachtverkehr)
2.4 Luftfrachtverkehr

Daneben gibt es außerdem den Rohrleitungsverkehr (Pipeline), der jedoch nur sehr eingeschränkt und mit nicht unwesentlichen Investitionen verwendbar ist und daher in diesem Buch nicht weiter behandelt wird.

Die Wahl des geeigneten Transportmittels hängt von verschiedenen Kriterien ab. Tab. 2.1 gibt einen Überblick über die wesentlichen Charakteristika der fünf Formen des Gütertransportes, die die Transportmittelwahl beeinflussen. Häufig ist es im internationalen Handel nicht möglich, den Weg bis zum Empfänger mit einem Transportmittel (**eingliedrige Transportkette**) durchzuführen. Muss das Transportmittel gewechselt werden, spricht man von **zwei- oder mehrgliedrigen Transportketten**, zu denen der gebrochene, der kombinierte und der multimodale Verkehr zählen (siehe Abschn. 2.5).

Bei allen Formen des Gütertransportes kommt der angemessenen **Verpackung** eine hohe Bedeutung zu. Einerseits sollte sie so leicht wie möglich sein und gering an Volumen, um Transportkosten zu sparen, andererseits sollte sie für die jeweilige Transportart und die transportierten Waren angemessen sein. Die Verpackung muss die beförderten Güter vor vorhersehbaren äußeren Einflüssen wie beispielsweise Klima, Seewasser, Staub oder Bewegung schützen. Außerdem tritt der ökologische Aspekt der Verpackung immer mehr in den Vordergrund. Des Weiteren ist

© Springer Fachmedien Wiesbaden 2015
W. Leitner, *Logistik, Transport und Lieferbedingungen als Fundament des globalen Wirtschaftens*, essentials, DOI 10.1007/978-3-658-10715-4_2

Tab. 2.1 Charakteristika der Transportarten

	Straße	Eisenbahn	Binnenschiff	Seefracht	Luftfracht
Transportge-schwindigkeit[a]	Mittel-hoch	Gering-mittel	Gering	Gering	Hoch
Transportweite[b]	Gering-mittel	Mittel	Mittel	Groß	Groß
Ladekapazität[b]	Gering	Hoch	Hoch	Hoch	Mittel
Verfügbarkeit und Flexibilität[b]	Hoch	Mittel	Gering	Gering	Mittel
Kostenstruktur (fix/variabel)[b]	Geringe FK, mittlere VK	Hohe FK, geringe VK	Hohe FK, geringe VK	Hohe FK, geringe VK	Hohe FK, mittlere VK

FK Fixe Kosten; *VK* Variable Kosten
[a] Autor
[b] *A*daptiert übernommen aus Kummer et al. 2009, S. 286

zu beachten, dass in manchen Ländern Einschränkungen hinsichtlich der Verpackungsmaterialien bestehen (z. B. Stroh oder Holzwolle).

Klare und dauerhaft lesbare **Markierungen** auf Verpackungen haben einerseits die Funktion auf die Erfordernisse der Warenbehandlung (z. B. gefährliche Güter) auf dem Transportweg hinzuweisen, andererseits informieren sie auch über Empfänger, Bestimmungsort, Ursprung sowie über Gewicht, Abmessungen, Auftrags- als auch Zolltarifnummern (Jahrmann 2010; Schütt 2011). In einigen Ländern sind Art und Umfang der Markierung gesetzlich festgelegt. Bei Gefahrenguttransporten sind spezielle (nationale) Behandlungs- und Markierungsvorschriften zu beachten. Eine korrekte und ausreichende Markierung ist auch im Schadensfall von Bedeutung, da bei deren Nichtbeachtung der Verkehrsträger (z. B. der Spediteur) den Schaden zu tragen hat (Schütt 2011).

2.1 Straßengüterverkehr

Der überwiegende Teil des innereuropäischen Transportes erfolgt im Straßengüterverkehr (*engl.* road transport traffic). Lastkraftfahrzeuge (LKW) kommen insbesondere für den Transport von **Fertigerzeugnissen** oder **Handelswaren** zum Einsatz, wohin gegen der Straßengüterverkehr für Massenerzeugnisse oder Rohstoffe weniger geeignet ist (Jahrmann 2010). Auch sind gewisse Gefahrengüter vom Straßengütertransport ausgeschlossen (Schulte 2009).

Um internationale Straßengütertransporte durchführen zu können, benötigt beim Eigenbetrieb das Unternehmen, beziehungsweise im Fremdbetrieb der Spediteur oder das Güterkraftverkehrs-Unternehmen, eine Lizenz. Für Transporte innerhalb der Europäischen Union gibt es eine **Gemeinschaftslizenz**, mit der Waren fünf Jahre lang uneingeschränkt zwischen EU-Mitgliedsstaaten, sowie Norwegen, Island, Liechtenstein und der Schweiz, befördert werden können (**Kabotagefreiheit**).

Frachtverträge über die entgeltliche grenzüberschreitende Beförderung von Waren auf der Straße basieren auf dem **Übereinkommen über den Beförderungsvertrag im internationalen Straßengüterverkehr** (CMR = Convention relative au contrat de transport international des Marchandises par Route). Demnach unterliegen Straßengütertransportunternehmen der Gefährdungshaftung und müssen bei Verlust oder Beschädigung der Ware, sowie beim Überschreiten der Lieferfrist Schadensersatz leisten, der nach oben hin jedoch begrenzt ist.

Der **CMR-Frachtbrief** (*engl.* road waybill) wird nach Abschluss eines Beförderungsvertrages ausgestellt und beinhaltet die wichtigsten Informationen und Bestandteile des Frachtvertrages. Der CMR-Frachtbrief besteht aus vier Durchschlägen, die vom Absender und vom Frachtführer zu unterfertigen sind. Eine Ausfertigung erhält der Absender, eine begleitet die Ware und ist für den Empfänger bestimmt, ein Blatt behält der Frachtführer und eine weitere dient der Tarifkontrolle. Der Inhalt des Frachtbriefs ist im CMR festgelegt und enthält unter anderem Name und Anschrift des Absenders, Empfängers und des Frachtführers, Angaben zur Ware, sowie den Be- und Entladeort und -zeitpunkt.

Der CMR-Frachtbrief ist eine Beweisurkunde, das heißt er dient der vereinfachten Beweisführung über die Beförderung der Ware, bildet jedoch nicht die Voraussetzung zur Geltendmachung eines Rechts (Jahrmann 2010). Wie alle Dokumente im Außenhandel hat auch der CMR-Frachtbrief eine Vertragserfüllungsfunktion und dokumentiert die Erfüllung der Vertragsbedingungen (Jahrmann 2010). Frachtbriefe erfüllen überdies eine Sperrfunktion, womit nur der Inhaber der Urkunde eine bestimmte Leistung vom Schuldner verlangen kann (z. B. das Umdisponieren der Ware) (Jahrmann 2010; Kummer et al. 2010).

Ein bedeutsamer **Vorteil** gegenüber allen anderen Formen des Gütertransportes ist die Möglichkeit Waren von Haus zu Haus zu liefern. Aufgrund der hohen Netzdichte werden LKW auch häufig für den Vor- oder Nachtransport der Ware zum bzw. vom Haupttransportmittel (z. B. Flugzeug) verwendet. Außerdem zeichnet sich der Straßengütertransport durch eine hohe Flexibilität in der Terminvereinbarung, sowie der Bestimmung der Transportroute aus. Da es im Regelfall nur geringe Stillstands- und Wartezeiten gibt, ist die Transportzeit bei kurzen bis mittleren Entfernungen relativ niedrig.

Als **Nachteile** gegenüber anderen Transportmitteln sind die relativ geringe Ladekapazität je Fahrzeug, sowie die Anfälligkeit für äußere Einflüsse (z. B. Witterung, Verkehrsstörungen) zu nennen. Des Weiteren stellt der Straßengütertransport durch Lärm und Abgase, sowie der Notwendigkeit des Ausbaus der Straßeninfrastruktur, eine hohe ökologische Belastung dar.

2.2 Eisenbahngüterverkehr

Der Eisenbahngütertransport (*engl.* railroad transport) hat trotz steigenden Transportaufkommens in den vergangenen Jahrzehnten kontinuierlich an Bedeutung verloren und konnte im Gegensatz zu den anderen Transportarten kein bis wenig Wachstum verzeichnen (Jahrmann 2010). Um diesem Trend zumindest im EU Binnenmarkt entgegenzuwirken, wurden für wichtige Verkehrsbindungen zentrale Güterverkehrskorridore (*engl.* Trans European Rail Freight Freeways) vereinbart, die über die Gemeinschaft der Europäischen Bahnen (GEB) vermarktet werden. Wachstumspotenzial besteht für den Schienengüterverkehr auch aufgrund steigender Umweltprobleme, insbesondere in Industrieländern (Reuvid und Sherlock 2011). Der Eisenbahngüterverkehr eignet sich sowohl für **Massengüter** als auch für **kundenspezifische Endprodukte** und **Handelswaren** (Büter 2010; Jahrmann 2010).

Im Schienenverkehr differenziert man zwischen dem Einzelwagen- und dem Ganzzugverkehr. Der **Einzelwagenverkehr** ist dadurch gekennzeichnet, dass Exporteur und Importeur einen betrieblichen Anschluss an das Schienennetz haben. Verschiedene Waggons werden zusammengefasst und bis zu einem Rangierbahnhof befördert und dann getrennt dem jeweiligen Bestimmungsort zugeführt. Aufgrund häufiger Rangierprozesse kann es beim Einzelwagenverkehr zu Zeitverlusten kommen.

Beim **Ganzzugverkehr** verfügt zumindest der Absender über einen Zugang zum Schienennetz, von dem aus vollständige Züge direkt zum betriebseigenen Gleisanschluss des Empfängers oder zu einem Hafen fahren.

Wie im Straßengütertransport wurden mit dem **Internationalen Übereinkommen über den Eisenbahnfrachtverkehr** (CIM=Convention internationale concernant le transport de marchandises par chemins de fer) auch im grenzüberschreitenden Schienenverkehr einheitliche Beförderungsbedingungen geschaffen. Demnach sind Eisenbahngesellschaften zur Beförderung von Waren verpflichtet. Diese Beförderungspflicht kann jedoch beispielsweise bei Gefahrengütern eingeschränkt oder verweigert werden. Eisenbahngesellschaften haften gemäß dem Prinzip der Gefährdungshaftung für Verlust und Beschädigung der Waren, sowie für Lieferfristüberschreitungen sofern ein genaues Lieferdatum vorgesehen ist. Haftungsausschlüsse gibt es bei mangelhafter Verpackung, Markierung oder Verladung durch den Exporteur.

Der **CIM-Frachtbrief** (*engl.* rail waybill) wird, basierend auf einem Beförderungsvertrag, in fünffacher Ausfertigung erstellt. Das Frachtbrieforiginal ist ein Begleitdokument und wird dem Empfänger gemeinsam mit der Ware ausgehändigt. Der Absender erhält das Duplikat, während die Frachtkarte, der Empfangs- sowie der Versandschein für die Bahngesellschaft bestimmt sind.

Der CIM-Frachtbrief hat, wie der CMR-Frachtbrief, Beweis- und Vertragserfüllungsfunktion und der Inhaber des Duplikats ist zur Umdisponierung berechtigt (Sperrfunktion) (Kummer et al. 2010; Jahrmann 2010).

Vorteile des Eisenbahngütertransportes sind insbesondere die Eignung für sperrige und große Güter sowie die Unabhängigkeit von äußeren Einflüssen, wie hohem Verkehrsaufkommen und von gesetzlich festgelegten Fahrverboten. Des Weiteren ist ein relativ schneller, kostengünstiger und umweltfreundlicher Transport über längere Strecken, im Kontinentalverkehr möglich. Im Gegensatz zum Straßengüterverkehr ist der Transport von Gefahrengütern zulässig.

Nachteilig beim Gütertransport auf der Schiene sind der Station-zu-Station-Transport sowie die Bindung an Fahrpläne (insbesondere an jene des Personenverkehrs auf der Schiene).

Verfügen Unternehmen also nicht über einen direkten Bahnanschluss, so werden zusätzlich LKWs benötigt. Dies führt wiederrum zu kosten- und zeitintensiven Umschlags- und Umladeleistungen. Im inner-europäischen Verkehr sind überdies die unterschiedlichen Spurweiten als nachteilig zu sehen.

2.3 Schifffahrtsverkehr

Der EU-Außenhandel wird zum größten Teil über den Gütertransport zu Wasser abgewickelt. Dabei unterscheidet man im Allgemeinen zwischen der Binnen- (*engl.* inland navigation) und der Seeschifffahrt (*engl.* ocean shipment). Binnenschiffe befördern hauptsächlich nichtverderbliche **Massengüter** (z. B. Rohstoffe), während Seeschiffe auch **Handelsgüter** transportieren (Kummer et al. 2009; Büter 2010).

2.3.1 Binnenschifffahrtsverkehr

Der grenzüberschreitende Binnenschiffsverkehr ist durch sogenannte **Schifffahrtsakte** (z. B. Revidierte Rheinschifffahrtsakte, Beograder Donaukonvention) in Form internationaler Übereinkommen geregelt (Kummer et al. 2010). Die jeweiligen Binnenwasserstraßen werden dadurch als internationale Ströme bezeichnet und können nicht durch einseitige und willkürliche Beschränkungen behindert werden. Hinsichtlich grenzüberschreitender Verfrachtungsbedingungen gibt es europaweit kein einheitliches Recht. Das **Budapester Übereinkommen über den Vertrag der Güterbeförderung in der Binnenschifffahrt** (CMNI = Convention de Budapest relative au contrat de transport de marchandises en navigation Interieure) findet mit den Prinzipien der Verschuldungs- und Gefährdungshaftung sowie der Haftung bei Lieferfristüberschreitung in vielen europäischen Staaten Anwendung (z. B. Deutschland, Schweiz), wurde aber beispielsweise von Österreich noch nicht ratifiziert. Daher gibt es verschiedene nationalen Gesetze, sowie auf das Fahrtgebiet bezogene Regelungen, wie das Bratislavaer Abkommen für den grenzüberschreitenden Güterverkehr auf der Donau.

Basierend auf einem Binnenschifffahrtsvertrag werden neben **Frachtbriefen** (*engl.* waybill) üblicherweise auch **Ladescheine** (Flusskonnossemente, *engl.* waterway bill of lading) erstellt. Ersterer hat wie alle Frachtbriefe lediglich Vertragserfüllungs- sowie Beweisfunktion und bestätigt den Warenversand, während der Ladeschein ein Wertpapier darstellt (Büter 2010; Jahrmann 2010). Der Absender erhält den vom Frachtführer unterschriebenen Original-Ladeschein, mit dem er die alleinige Verfügungsberechtigung hat, und dessen Kopie wird vom Frachtführer als Frachtbrief verwendet (Kummer et al. 2010).

Zu den **Vorteilen** des Schiffverkehrs zählen vor allem geringe Kosten, sowie eine große Ladekapazität. Weiters ist die Umweltbelastung im Allgemeinen relativ gering.

Nachteilig ist bei der Binnenschifffahrt vor allem die Erreichbarkeit aufgrund der Abhängigkeit von Wasserstraßen. Weitere Nachteile des Schiffverkehrs sind spezielle Verpackungserfordernisse, lange Transportzeiten sowie Vor- und Nachtransporterfordernisse.

2.3.2 Seefrachtverkehr

Im Seefrachtverkehr unterscheidet man zwischen der **Linienschifffahrt** (*engl.* liner vessel) und der **Trampschifffahrt** (*engl.* tramp vessel) (Jahrmann 2010). Linienschiffe befördern Güter nach einem festgelegten Fahrplan und fahren zu bestimmten Häfen. Bei der Trampschifffahrt werden Güter nach individuell vereinbarten Fahrplänen zu ausgewählten Zielhäfen befördert.

Gesetzliche Grundlage für die **Seeschifffahrt** bilden die **Haager, Visby** sowie die **Hamburger Regeln.** Demnach unterliegt der Seeverkehr der Verschuldungshaftung, wobei der Haftungsumfang eingeschränkt werden kann. Außerdem ist die Haftung bei Verspätungsschäden geregelt. Für Gefahrenguttransporte auf dem Seeweg gibt es den International Maritime Dangerous Goods Code (IMDG-Code), aber auch nationale Gesetze finden Anwendung.

Zur Dokumentation des Abschlusses eines Frachtvertrages bzw. eines Chartervertrages wird in der Seeschifffahrt ein **Konnossement** (*engl.* bill of lading) ausgestellt. Dieses ist ein sogenanntes Traditionspapier und hat Wertpapierfunktion. Es beinhaltet eine Empfangsbestätigung der Ware und verpflichtet zur Beförderung und Aushändigung der Ware an den ausgewiesenen Empfänger (Kummer et al. 2010; Jahrmann 2010). Grundsätzlich werden dem Ablader drei originale Ausfertigungen des Konnossements ausgehändigt. Im Intrafirmenhandel kommt anstelle des Konnossements häufig der **Seefrachtbrief** (*engl.* sea/ocean waybill) zum Einsatz, da die Ausstellung dieses Dokuments kostengünstiger ist und die Zahlungsabwicklung, sowie die Eigentumsübertragung nicht abgesichert werden müssen.

Neben den in der Binnenschifffahrt genannten **Vorteilen**, sind in der Linienschifffahrt zusätzlich die klare Terminkalkulation, regelmäßige Fahrten zu Standardhäfen, sowie standardisierte und daher verkürzte Be- und Entladezeiten zu nennen. Gegenüber der Binnenschifffahrt ist außerdem die Netzdichte im Seeverkehr wesentlich höher.

Nachteilig sind in der Seefahrt insbesondere lange Liegezeiten. Vorsicht ist bei kleinen Sendungen geboten, da Mindestraten verrechnet werden. Dies kann jedoch durch Sammelgutverkehr vermieden werden, bei dem der Frachtführer kleinere Sendungen zu einer Gesamtpartie zusammenstellt (Schütt 2011).

2.4 Luftfrachtverkehr

Güterflugzeuge sind das jüngste Transportmittel und haben in den letzten Jahren sehr an Bedeutung gewonnen (Kummer et al. 2009). Der Luftfrachtverkehr (*engl.* air transport) kommt besonders bei hochwertigen, empfindlichen und leicht verderblichen **Handelswaren**, sowie dringend benötigten Medikamenten, Industriegütern und Ersatzteilen zum Einsatz (Schütt 2011). Darüber hinaus haben speziell die Anforderungen für Direktlieferungen aus Asien im Elektronik-Bereich (z. B. für Smartphones und Tablets) zu einer Zunahme der Luftfrachtsendungen geführt. Bei kleineren Sendungen erfolgt die Frachtbeförderung häufig in Passagierflugzeugen. Die Mengen, die als sogenannte Beiladefrachten hier befördert werden können, sind allerdings begrenzt, speziell in Europa werden auch im Passagierbereich relativ kleine Flugzeuge im Kontinentaltransport eingesetzt.

Der Luftfrachtverkehr ist durch eine Vielzahl von nationalen, supranationalen und internationalen rechtlichen Bestimmungen geregelt. Die bedeutendste Rechtsvorschrift ist dabei das **Chicagoer Abkommen** (CAK), welches grundsätzliche technische, wirtschaftliche und rechtliche Regelungen beinhaltet. Es besagt beispielsweise, dass jedem Land für sein eigenes Gebiet die Lufthoheit zusteht und der Luftraum daher nur mit Zustimmung der jeweiligen staatlichen Organe benutzt werden darf. Im internationalen Luftfrachtverkehr stellen das **Warschauer Abkommen**, das **Haager Protokoll,** sowie deren Zusatzprotokolle die wichtigsten rechtlichen Grundlagen dar. Den Haftungsumfang sowie weitere wichtige Themen im Luftfrachtverkehr regeln die **IATA Beförderungsbedingungen** (IATA-BB, *engl.* IATA – Conditions of Carriage).

Der **Luftfrachtbrief** (*engl.* air waybill) dokumentiert den Abschluss eines Luftfracht- bzw. eines Chartervertrages zwischen dem Absender und der Fluggesellschaft. Der Frachtbrief wird in dreifacher Originalausfertigung erstellt, wobei die erste für die Fluggesellschaft bestimmt ist, die zweite begleitet die Ware und ist für den Empfänger und das dritte Exemplar erhält der Absender. Neben der Beweisfunktion verkörpert das dritte Original in der Regel ein Dispositionsrecht (z. B. Rücksendung, Bestimmung eines anderen Zielortes) bevor die Ware an den Empfänger ausgehändigt wurde (Kummer et al. 2010).

Zu den **Vorteilen** des Luftfrachtverkehrs zählen geringe Verpackungskosten, hohe Sicherheit verbunden mit niedrigen Versicherungsprämien. Auf langen Strecken ist der Luftverkehr bei weitem das schnellste Transportmittel. Durch die kurze Transportzeit profitiert das Unternehmen zusätzlich von einer geringen Kapitalbindung und somit geringeren Kapitalkosten.

Ein erheblicher **Nachteil** dieser Form des Gütertransportes ist die Kostenintensität. Des Weiteren ist die Ladekapazität vergleichsweise gering und es sind nur Station-zu-Station Transporte möglich (im sogenannten Hub- and Spoke-Verkehr).

2.5 Mehrgliedrige Transportketten

Im Außenhandel müssen häufig große Distanzen vom Lieferanten zum Kunden zurückgelegt werden. Dafür reicht ein Transportmittel meist nicht aus, da vor allem die infrastrukturellen Voraussetzungen nicht gegeben sind. Werden mindestens zwei Transportmittel für einen Transportweg benutzt, spricht man von mehrgliedrigen Transportketten. Dabei unterscheidet man zwischen drei Ausprägungen:

1. Dem gebrochenen Verkehr
2. Dem kombinierten Verkehr
3. Dem multimodalen Verkehr

Wenn Güter von einem Transportmittel auf ein anderes umgeladen werden, so spricht man von **gebrochenem Verkehr**. Jahrmann (2010) schränkt die Definition des gebrochenen Verkehrs darauf ein, dass „verschiedene Transportmittel derselben Art [Hervorhebung im Original]" (S. 180) verwendet werden. Das kann beispielsweise aufgrund zollrechtlicher Vorschriften beim Straßengüterverkehr der Fall sein, oder aus technischen Gründen (z. B. unterschiedliche Spurbreite der Schienen im Eisenbahngüterverkehr) notwendig sein.

Im Gegensatz zum gebrochenen Verkehr ist für den **kombinierten Verkehr** (KV) der Umschlag fester Ladeeinheiten (z. B. Container oder Paletten) anstelle der einzelnen Güter charakteristisch (Kummer et al. 2010; Schulte 2009). Von intramodalem KV spricht man wenn nur ein Verkehrsträger (z. B. Straße), aber mehrere Verkehrsmittel (z. B. verschiedene Straßentransportunternehmen) beteiligt sind. Sind mehrere Verkehrsträger (z. B. Straße und Schiene) involviert, handelt es sich um intermodalen KV. Um zwischen Transportmitteln zu wechseln, bedient sich der kombinierte Verkehr unterschiedlicher Transporttechniken. Dazu zählt einerseits der **Containerverkehr**, bei dem lediglich der Transportbehälter von einem Verkehrsmittel auf ein anderes umgeladen wird. Andererseits gibt es den **Huckepackverkehr** (Straße/Schiene), bei dem ein Transportmittel ein anderes befördert. Ausprägungen sind dabei

a. die rollende Landstraße (Transport kompletter LKW auf Eisenbahnwaggons),
b. der Transport von Sattelanhängern, bei dem diese mithilfe eines Krans ohne die Zugmaschine auf Schiene gebracht werden, und
c. der Transport von Wechselbehältern, die vergleichbar mit Containern ebenfalls eine unselbstständige Ladeeinheit darstellen.

Werden LKW auf Schiffen befördert, spricht man von der „Schwimmenden Landstraße" (*engl.* Roll-on/Roll-off-Verkehr, kurz **Ro/Ro-Verkehr**). Eine weitere Transporttechnik ist der **Lash-Verkehr** (*engl.* lighter aboard ship). Dabei werden in der Binnenschifffahrt verwendete, schwimmende Leichter durch Kräne oder das Swim-in/Swim-out-Prinzip in Seeschiffe verladen.

Beim **multimodalen Transport** organisiert und verantwortet ein einzelnes **multimodales Transportunternehmen** (*engl.* multimodal transport operator, kurz **MTO**) die Beförderung von Waren vom Exporteur zum Importeur unter optimaler Verwendung und Abstimmung mehrerer Transportmedien. Verfügt der MTO selbst über Transportmittel und ist er als Frachtführer an der Beförderung der Waren beteiligt, wird er auch als **Carrier-MTO** bezeichnet. Charakteristisch für den multimodalen Transport ist, dass der Exporteur einen einheitlichen Frachtvertrag für den gesamten Transportweg mit dem MTO abschließt.

Übersicht: Selektion multimodaler Transportunternehmen

Eine optimale multimodale Transportabwicklung basiert auf der Leistungsstärke des multimodalen Transportunternehmens. Um den bestmöglichen MTO auszuwählen, sollten Exporteure das Angebot insbesondere nach folgenden Kriterien prüfen:

- Wie hoch ist der Gesamtpreis für die Transportleistungen?
- Wie lange dauert der Transport vom Exporteur zum Importeur?
- Wie hoch ist die Transportfrequenz zum Bestimmungsort?
- Wie zuverlässig ist der MTO in Ausführung und Zeitdauer?
- Welche zusätzlichen Dienstleistungen werden angeboten (z. B. Übernahme des Aus- und Einfuhrverfahrens)?
- Verfügt der MTO über die technischen Möglichkeiten (z. B. Cargo Tracking) die Ware während des Transportes zu lokalisieren?
- Kann die Warensendung umdisponiert werden?
- Wie ist die Qualität der Gesamthaftung?/Wie umfangreich ist die Gesamthaftung?

(Quelle: vgl. Jahrmann 2010, S. 187)

Da es international keine einheitlichen Rechtsvorschriften gibt, folgt die multimodale Transportabwicklung den von der UNCTAD und der Internationalen Handelskammer herausgegebenen **Regelungen für multimodale Transportdokumente** (*engl.* Rules for Multimodal Transport Documents).

Beim gebrochenen und kombinierten Verkehr hängt die Rechtsgrundlage für die Verwendung unterschiedlicher Verkehrsträger stark davon ab, ob für jede Teilstrecke ein eigener Frachtvertrag abgeschlossen wird oder ein MTO für die gesamte Organisation verantwortlich ist (Kummer et al. 2010). Ist ersteres der Fall, so gelten die rechtlichen Vorschriften der jeweiligen Transportart. Ist letzteres der Fall, schließt der Exporteur mit dem MTO zugunsten des Warenempfängers einen einheitlichen multimodalen Transportvertrag. Basierend darauf werden im internationalen multimodalen Transport Spediteursversanddokumente, die von der Internationalen Speditionsorganisation (FIATA = Fédération Internationale des Association des Transporteurs et Assimilés) herausgegebenen wurden, ausgestellt. Dazu gehört die **Spediteursübernahmebescheinigung** (*engl.* FIATA Forwarders Certificate of Receipt, kurz FCR), die ähnlich dem Frachtbrief eine Beweis- und eine Sperrfunktion hat (Kummer et al. 2010). Das FCR besteht aus vier Durchschlägen. Die **Spediteursversandbescheinigung** (*engl.* FIATA Forwarders Certificate of Transport, kurz FCT) bescheinigt die Warenauslieferung und besteht nur aus einem

Original. Stellt ein Spediteur ein **FBL-Dokument** bzw. ein Spediteurs(durch)konnossement (*engl.* FIATA Multimodal Transport Bill of Lading) aus, wird er automatisch zu einem MTO und übernimmt die Verantwortung für die gesamte Transportabwicklung. Mit dem FBL-Dokument müssen die Standardbedingungen der multimodalen Güterbeförderung zwingend angewandt werden, sofern sie anderen internationalen Übereinkommen nicht widersprechen. Die Standardbedingungen weichen häufig sehr von nationalen Vorschriften hinsichtlich des multimodalen Transportes ab (Kummer et al. 2010). Eine FBL-Versicherung ist zwingend abzuschließen, um die Haftung abzudecken. Des Weiteren ist dieses Spediteurs(durch)konnossement ein Wertpapier.

Vorteil des mehrgliedrigen Transportes ist insbesondere die optimale Nutzung der Vorteile der einzelnen Verkehrsmittel. **Nachteilig** gegenüber der Verwendung einer Transportart ist jedoch die längere Transportzeit aufgrund von Umschlagsvorgängen und damit verbundenen Wartezeiten. Dieser Nachteil verliert aber mit zunehmendem Transportweg an Bedeutung (Schulte 2009).

2.6   Containerverkehr

Container sind international genormte Transportbehälter zum sicheren Stauen und Befördern von Gütern. Üblich sind heute die 20- und 40 Fuß-Container, wobei im Einzelfall zwischen 15–20 t Fracht im 20 Fuß-Container Platz finden und bis zu 30 t in einem 40 Fuß-Container (Jahrmann 2010, S. 152). Damit ist es im Stückgutseeverkehr möglich, größere und transportablere Ladungseinheiten zu bilden und die Transportabwicklung zu verbessern (Brinkmann 2004, S. 218 f.). So kann nicht nur auf die sonst traditionelle Exportverpackung vielfach verzichtet werden, es wird auch der Umschlag sowie der Vor- und Nachlauf wesentlich vereinfacht (Kummer et al. 2010, S. 291).

Vorteile der Versendung von Containern (Branch 2006, S. 80 ff.):

- Erlaubt ein Haus-Haus-Service
- Geringes Beschädigungsrisiko
- Niedrigere Frachtraten im Vergleich zu Bulk-Ladungen
- Geringerer Verpackungsaufwand für die Einzelsendungen
- Schnellerer Container-Transit und -Umschlag im Vergleich zu Break-bulk-Cargo
- Container-Schiffe haben verbesserte Auslastung und sind dadurch produktiver.

Obwohl für bestimmte Normgrößen ausgelegt, besteht auch im Containerverkehr die Möglichkeit entweder Full Container Load (FCL)-Sendungen zu veranlassen oder aber bestimmte Sammelladungen über Less than Container Load (LCL)-Sendungen zu verschicken (Jahrmann 2010, S. 152 f.). Entsprechend können für den Containervor- und -nachlauf verschiedene Kombinationen von Komplettladungen (FCL) und Teilladungen (LCL) unterschieden werden:

- FCL/FCL bzw. Haus-zu-Haus-Verkehr,
- LCL/LCL bzw. Pier-Pier-Verkehr,
- FCL/LCL bzw. Haus-Pier-Verkehr,
- LCL/FCL bzw. Pier-Haus-Verkehr (Bischof et al. 2005, S. 324 f.).

Daraus lässt sich die Gütertransportkette bei Containerverkehren entsprechend ableiten (siehe Tab. 2.2):

Tab. 2.2 Die Gütertransportkette bei Containerverkehren. (Quelle: in Anlehnung an Kummer et al. 2010, S. 294)

Konventioneller Stückguttransport	Exporteur	Kai oder Kaischuppen im Abgangshafen	
		Schiff des Reeders (Verfrachter)	
		Kai oder Kaischuppen im Bestimmungshafen	Importeur
LCL/LCL Pier-Pier-Container-Verkehr	Exporteur	Stuffing des Containers am Containerterminal	
		Schiff des Reeders (Verfrachter)	
		Stripping des Containers am Containerterminal	Importeur
LCL/FCL Pier-Haus-container-Verkehr	Exporteur	Stuffing des Containers am Containerterminal	
		Schiff des Reeders (Verfrachter)	
		Vom Containerterminal direkt zur Auslieferung	Importeur
FCL/LCL Haus-Pier-Container-Verkehr	Exporteur	Direkt zum Containerterminal	
		Schiff des Reeders (Verfrachter)	
		Stripping des Containers am Containerterminal	Importeur
FCL/FCL Haus-Haus-Container-Verkehr	Exporteur	Direkt zum Containerterminal	
		Schiff des Reeders (Verfrachter)	
		Vom Containerterminal direkt zur Auslieferung	Importeur

Leistungen und Auswahl von Logistikdienstleistern

3

Der Logistikdienstleistermarkt hat sich in den letzten Jahrzehnten durch das Outsourcing von Logistik-Funktionen teilweise sehr dynamisch entwickelt, nachdem sich das Logistik-Service-Angebot auch als eine Quelle der Generierung von Wettbewerbsvorteilen herausgestellt hat (Razzaque und Sheng 1998).

Dieser Outsourcing-Trend hat auch ganz spezielle Dienstleistungsanbieter im Logistik-Service-Bereich hervorgebracht, die ein qualitativ-hochwertiges Angebot in diesem Bereich überhaupt erst möglich gemacht haben.

3.1 Gliederung der Logistik-Service-Provider

Eine grundsätzliche Klassifizierung der Dienstleistungsanbieter im Logistikbereich nach den Anlagen, die benötigt werden, die Dienstleistung zu erbringen, könnte aufgrund der in Tab. 3.1 aufgeführten Kriterien erfolgen (Müller 1993):

Zusätzlich kann hinsichtlich Netzwerk-Integration, Leistungsspektrum, Dienstleistungsumfang, der Branche und den Aktionsraum kategorisiert werden.

Die Netzwerk-Integration bezeichnet die Kompetenz und Integrationsfähigkeit von Logistikdienstleistern in Netzwerken bestimmte Aufgaben zu übernehmen. Wichtig in diesem Zusammenhang sind z. B. das Prozess-Know-how und die Fähigkeit Kundenwünsche und -anforderungen zu adaptieren.

Das Leistungsspektrum bestimmt Kriterien, wie die Leistungsprozesse (Transport, Lagerhaltung, Kommissionierung etc.), operative, koordinierende und/oder strategische Aufgaben, sowie Spezialdienstleistungen (z. B. Schwerlastlogistik).

Basierend auf den Kriterien der Netzwerk-Integration, Leistungsspektrum und den Assets lässt sich somit eine umfassende Strukturierung des Logistikdienstleistungsmarktes abbilden, die in Abb. 3.1 näher dargestellt ist. Diese Gliederung

© Springer Fachmedien Wiesbaden 2015

W. Leitner, *Logistik, Transport und Lieferbedingungen als Fundament des globalen Wirtschaftens*, essentials, DOI 10.1007/978-3-658-10715-4_3

Tab. 3.1 Klassifizierung der Dienstleistungsanbieter nach Assets. (Quelle: Müller 1993)

Anlagen-basierend	Anbieter physischer Logistikdienstleistungen, primär durch ihre eigene Anlagen-Infrastruktur (typischerweise Lastkraftwagen-Flotte, Lagerhäuser etc.)
Management-basierend	Anbieter von Logistik-Management-Dienstleistungen durch ein Angebot an IT- und Consulting-Leistungen, ohne über eigene Anlagen zu verfügen
Integrationsanbieter	Integrierte Anbieter besitzen typischerweise LKWs, Lagerhäuser, einzeln oder in Kombination, sind jedoch im Dienstleistungsangebot keineswegs darauf beschränkt. Im Bedarfsfalle schließen sie Verträge mit anderen Anbietern, um das Angebot flexibel zu gestalten und entsprechend breit, auch aus einem geografischen Blickwinkel, anbieten zu können
Abwicklungs-basierend	Anbieter, die überwiegend Abwicklungsmanagement anbieten (z. B. Fracht-Verrechnung)

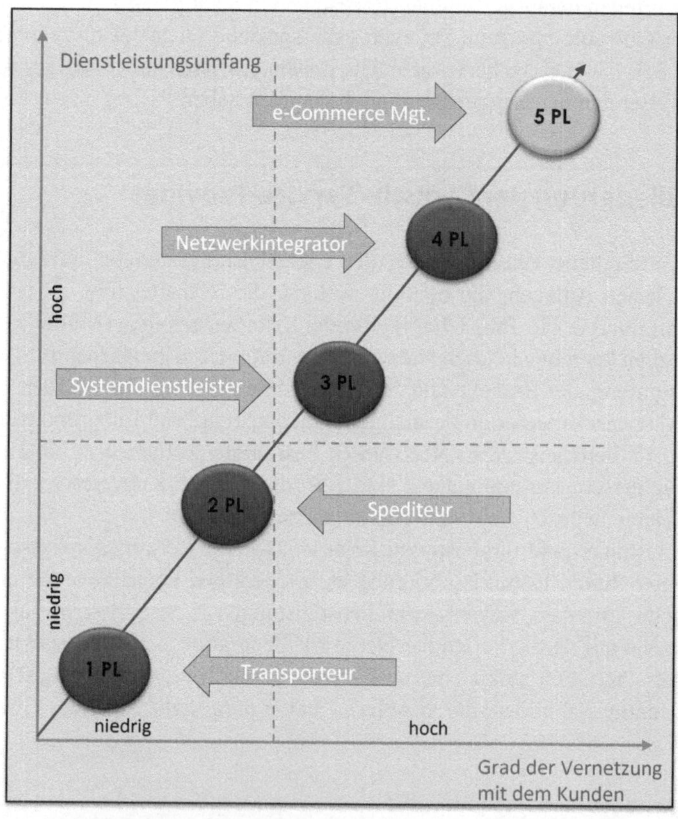

Abb. 3.1 Klassifizierung der Logistikdienstleister nach Dienstleistungsumfang. (Quelle: in Anlehnung an Schulte 2009, modifiziert)

versucht, die Anbieter nach dem Dienstleistungsumfang und dem Grad der Vernetzung einzuteilen (Schulte 2009).

Demnach lassen sich folgende sieben Segmente von Logistikdienstleistern (first Party Logistics Provider für 1 PL usw.) definieren:

1 PL	Einzeldienstleister (Transporteure)
2 PL	Spediteure
3 PL	Systemdienstleister
4 PL	Netzwerkintegratoren
5 PL	e-Commerce Manager
Logistik-IT-Dienstleister	
Logistik-Berater (Schulte 2009, S. 198)	

Einzeldienstleister – Transporteure und Spediteure – erbringen die klassischen TUL-, Transport-, Umschlag- und Lageraufgaben. Sie verfügen meist auch über die zur Leistungserbringung notwendigen Anlagen und Infrastruktur (Zadek 2004, S. 20). Frachtführer – Unternehmen, die gewerbsmäßig den Transport durchführen – zählen ebenso zu den Einzeldienstleistern (Schulte 2009, S. 186).

Die Systemdienstleister (3PL) erweitern das Angebotsspektrum um die sogenannte Kontraktlogistik, während die Netzwerkintegratoren (4PL) weitergehende Angebote hinsichtlich unternehmensübergreifender Dienstleitungen im Supply Chain Management, insbesondere die IT-Integration und den Austausch von Daten zwischen den Geschäftspartnern, entwickelt haben (Zadek 2004, S. 20). 3PL-Dienstleister bieten, neben den logistischen Basisangeboten im TUL-Umfeld, zusätzlich logistische Dienstleistungen wie Kommissioniertätigkeiten oder eine JIT-/JIS-Belieferung an. (O.V. 2005, S. 1), weiters auch Lagerhaltung, einfachere Produktionstätigkeiten (zum Beispiel im Elektronic-Sektor), Vendor Managed Inventory – Abwicklung, Zollabwicklung, Bestandsmanagement, Management von Reverse-Logistik-Aktivitäten (Mangan et al. 2008, S. 63 f.).

Verbund- und Systemdienstleister bzw. Netzwerkintegratoren bieten folgende Vorteile:

- Nutzung vorhandener Logistikressourcen (Personalressourcen, Infrastruktur, IT- und Kommunikationssysteme)
- Größere Leistungsfähigkeit und bessere Logistikqualität
- Geringere Kosten durch Economies of Scale-Effekte
- Günstigere Lohn- und Gehaltsstrukturen durch andere Tarifverträge (in Anlehnung an Gudehus 2010, S. 1001)

Insgesamt zeichnen sich die Systemdienstleister und Netzwerkintegratoren durch eine hohe Bedeutung von Mehrwertdiensten und ebenfalls eine hohe Bedeutung der Unterbeauftragung operativer Leistungen aus. (Frohn 2006, S. 40).

Zwischen 3PL und 4PL sind noch die Lead Logistics Provider (LLP) angesiedelt, nachdem es speziell im 3PL-Umfeld bisher keine globalen Angebote gibt. Ein LLP ist demnach ein Logistikprovider, der versucht alle Logistikaktivitäten eines Unternehmens zu managen, indem er alle anderen 3PL-Anbieter koordiniert (Love 2004, S. 18).

Das 4PL-Konzept wurde Mitte der 1990er Jahre von Anderson Consulting entwickelt und folgendermaßen beschrieben:

„Ein 4PL-Provider ist ein Supply Chain Manager, der die Ressourcen, Kapazitäten und Technologie seiner eigenen Organisation mit anderen Dienstleistungsorganisationen zusammenführt, um dem Endkunden eine vollständige Supply Chain-Lösung anzubieten" (Bauknight 2000, S. 35). Er versucht damit die Unternehmen in einem Belieferungsverbund zu vernetzen, um die gesamte Supply Chain effizient zu gestalten (O.V. 2005, S. 1). Ziel ist damit die Optimierung alle Logistikaktivitäten und Logistikprovider über alle Regionen, Zeitzonen und Geschäftsfelder hinweg (Love 2004, S. 20). Im Vordergrund steht damit die Funktion des Supply Chain Integrators mit dem Anspruch möglichst optimale Gesamtlösungen in logistischer Hinsicht für die Supply Chain zu entwickeln (Nissen und Bothe 2002, S. 17).

Trotz aller Bemühungen hinsichtlich globaler Angebote und Vernetzung gibt es bisher aber bestenfalls globale Logistikprovider für einzelne Industrien (Automotive, Spezialchemie), es gibt aber keinen Anbieter, der global über alle Industriesektoren hinweg ein Angebot erstellen kann (Love 2004, S. 18). Daraus ergeben sich die Anforderungen an einen erfolgreichen 4PL-Anbieter:

- Branchenkompetenz (Schwerpunkte abhängig von den Kundenanforderungen),
- Managementkompetenz (Prozessmanagement),
- IT-Kompetenz (Aufbau von Logistikplattformen),
- Logistikkompetenz (Aufbau eines eigenen Dienstleistungsangebotes, Koordination und Überwachung von unterschiedlichen Logistikanbietern) und
- Beratungskompetenz (Outsourcing, Geschäftsprozessoptimierung) (Nissen und Bothe 2002, S. 22).

In vielen anderen Bereichen ist es heute vielfach üblich, dass 3PL-Anbieter bestimmte Lösungen eines 4PL-Anbieters vorrätig halten, ohne jedoch das Gesamtspektrum eines 4PL-Providers anbieten zu wollen (Mangan 2008, S. 66).

Als Spezialisten in Richtung e-Commerce-Projekte haben sich dementsprechend gezielt die 5PL-Anbieter etabliert. Ziel ist der Ausbau und die Koordination einzelner Lieferketten zu Liefernetzwerken und das Management dieser Netzwerke im e-Commerce-Umfeld (O.V. 2012, online). Demnach könnte man die

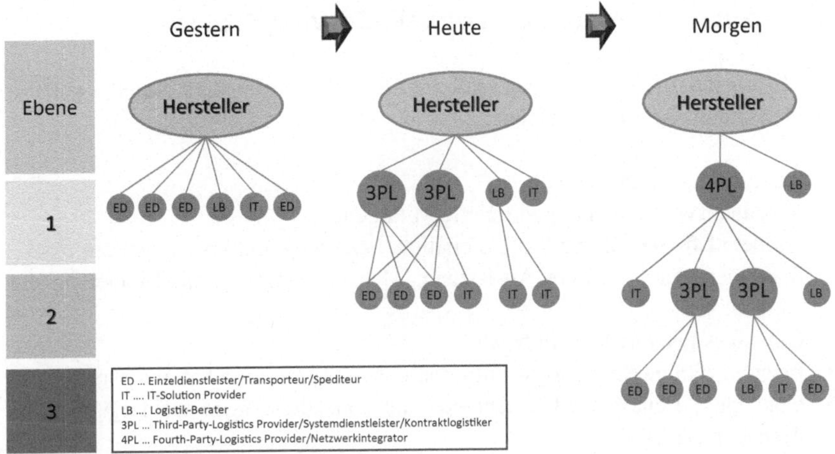

Abb. 3.2 Entwicklung im Logistikmarkt. (Quelle: Zadek 2004, S. 20 f.)

5PL-Serviceprovider ebenso als eine Ausgestaltung eines 4PL für ein bestimmtes Dienstleistungsangebot (e-Commerce-Supply Chains) sehen.

Das 5PL-Angebot ist sehr wesentlich vom Angebot physischer KEP-Dienste (Kurier-, Express- und Paketmarktdienste) abhängig. Dieser Markt wird heute international von den Integrators DHL, UPS und FedEX beherrscht (Schulte 2009, S. 199 f.).

Dementsprechend hat sich der Logistikdienstleistermarkt sehr dynamisch entwickelt und wird sich auch in Zukunft weiterhin dynamisch entwickeln. Im Sinne einer Spezialisierungs- und Koordinierungsstruktur werden dabei die Einzelanbieter verstärkt durch System- und Netzwerkintegratoren integriert. Damit können praktisch alle logistischen Serviceleistungen, die in einer Supply Chain benötigt werden, ausgelagert werden (siehe Abb. 3.2)

Spezialisierte Dienstleister finden wir auch im Logistik-IT-Bereich in mehreren Ausprägungen:

- Anbieter und/oder Betreiber von Logistik-Software-Lösungen
- Konnektoren im Logistik-Netzwerk
- Betreiber internet-basierender Marktplätze (Schulte 2009, S. 198).

Darüber hinaus bieten Logistikberater Unterstützung bei der strategischen Planung von Logistiksystemen oder Geschäftsfeldern, Prozessanalyse und -optimierung ebenso, wie bei Vergabe und Outsourcing von Logistikleistungen (Schulte 2009, S. 198).

3.2 Auswahlprozess für Logistik-Service-Provider

Die Erfolgsfaktoren für die Auswahl eines Systemdienstleisters basieren auf folgenden Qualifikationsmerkmalen:

- Kompetentes Management
- Vertrauenswürdige und qualifizierte Mitarbeiter
- Größere Effizienz durch Professionalität, Erfahrung und Spezialisierung
- Synergien durch bessere Auslastung, Mehrfachnutzung und Bündelung der Ressourcen
- Günstiges Personalkostenniveau
- Leistungsfähige Steuerungs-, Informations- und Kommunikationssysteme
- Günstige Beschaffungsmöglichkeiten für Einzelleistungen am Logistik- und Transportmarkt
- Hohe Flexibilität und gute Ausgleichsmöglichkeiten für Spitzenlasten und kurzfristige Bedarfsschwankungen (Gudehus 2010, S. 997)

Die Auswahl des richtigen Logistik-Service-Providers ist jedenfalls kein beiläufiger Einkaufsprozess, sondern bedarf der sorgfältigen Evaluierung der Fähigkeiten, angebotenen Service-Level und der Preise im Vergleich zum Bedarf des jeweiligen Unternehmens. Abbildung 3.3 skizziert die notwendigen Umsetzungsschritte zur Auswahl eines und zum Aufbau einer 3PL-Geschäftsverbindung:

Jedenfalls ist ein umfassender Auswahlprozess notwendig. Eine Zusammenstellung möglicher Kriterien ist in Abb. 3.4 näher dargestellt. Diese Kriterienauswahl basiert auf der Analyse der wissenschaftlichen Literatur und dem Interview von Praktikern und könnte als Rahmen für einen Auswahlprozess dienen (Kasture et al. 2008, S. 50):

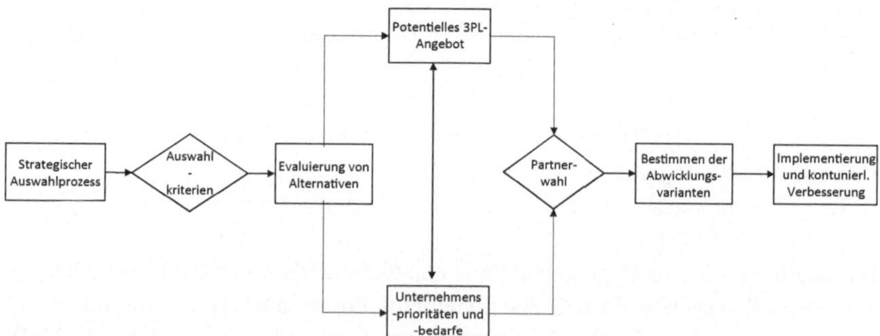

Abb. 3.3 Auswahlprozess für 3PL-Geschäftsverbindung. (Quelle: in Anlehnung an Langley, J zitiert nach Coyle et al. 2003, S. 274).

Wichtig beim Auswahlprozess ist jedenfalls die möglichst große Kongruenz zwischen den betrieblichen bzw. Supply-Chain-Anforderungen und den Fähigkeiten bzw. dem Angebot des jeweiligen Service-Providers.

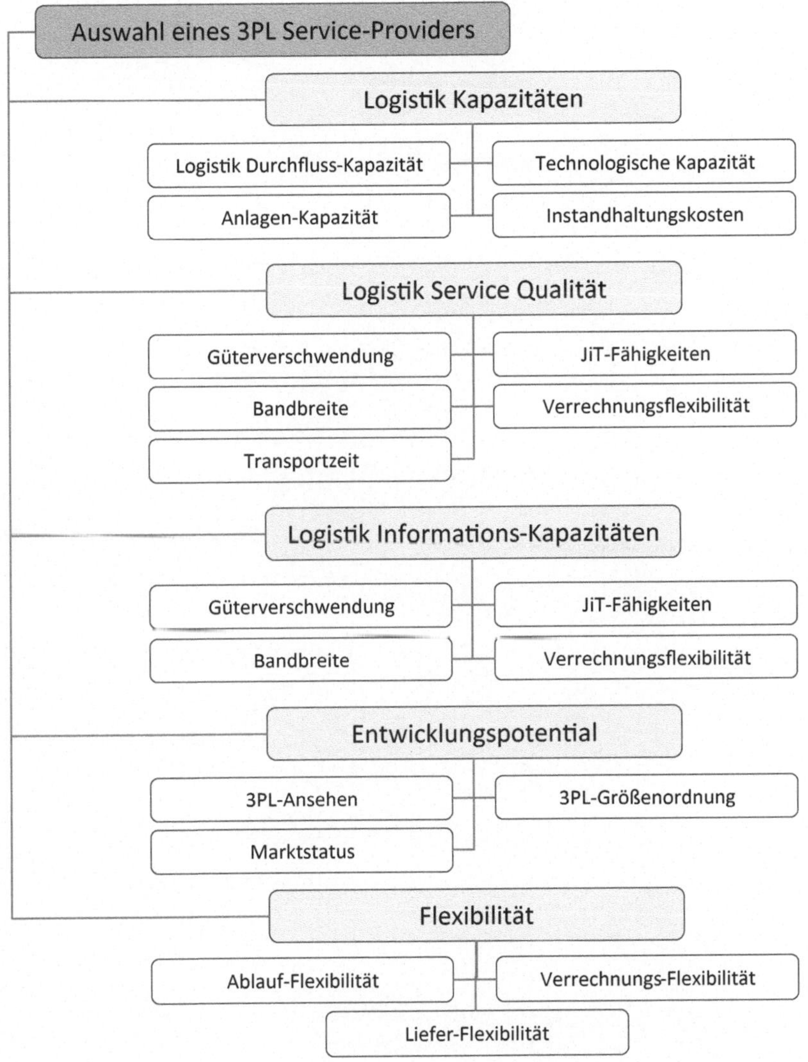

Abb. 3.4 Kriterienkatalog für die Auswahl von 3PL-Service Providern. (Quelle: Kasture et al. 2008, S. 50).

Lieferbedingungen 4

Bei grenzüberschreitenden Tätigkeiten werden Unternehmen häufig mit unterschiedlichen Handelsbräuchen konfrontiert. Daher ist die Vereinbarung von Lieferbedingungen (*engl.* terms of delivery) ein wesentlicher Bestandteil von Vertragsverhandlungen und des daraus resultierenden Kaufvertrages. Büter (2010) beschreibt sechs wesentliche Bestandteile der Lieferbedingungen:

1. Die **Liefermenge** wird meistens in einer genauen Stückzahl oder einer festgelegten Maß- oder Gewichtseinheit definiert.
2. Die **Lieferqualität** kann durch genaue Produktbeschreibungen basierend auf Mustern, technischen Qualitätsnormen oder ähnlichem bestimmt werden.
3. Bei der **Lieferzeit** gibt es einerseits die Möglichkeit eine unverzügliche Lieferung (*engl.* prompt delivery) oder andererseits eine Lieferung auf Zeit zu vereinbaren. Bei letzterer unterscheidet man wiederum zwischen der Festlegung eines genauen Zeitpunktes oder Zeitraumes (*engl.* delivery on term) und der Lieferung auf Abruf (*engl.* delivery as required).
4. Je nach Transportart und Transportweg gibt es im Außenhandel unterschiedliche Vorschriften hinsichtlich **Verpackung und Markierung**.
5. Für die **Kostenübernahme**, die **Gefahrtragung** sowie für die Notwendigkeit des Abschlusses einer
6. **Transportversicherung** sind im Außenhandel die von der Internationalen Handelskammer herausgegebenen Handelsklauseln, die im Folgenden näher beschrieben werden, von großer Bedeutung.

Um Missverständnissen und kostenintensiven Disputen aufgrund unterschiedlicher nationaler Geschäftsbräuche entgegenzuwirken, hat die Internationale Handelskammer (*engl.* International Chamber of Commerce, kurz ICC) in Paris 1936 erstmals ein Regelwerk zu internationalen Handelsklauseln, den sogenannten **In-**

© Springer Fachmedien Wiesbaden 2015
W. Leitner, *Logistik, Transport und Lieferbedingungen als Fundament des globalen Wirtschaftens*, essentials, DOI 10.1007/978-3-658-10715-4_4

coterms (**In**ternational **Commercial **Terms**) herausgegeben. Etwa alle zehn Jahre wird dieses Regelwerk revidiert wobei die Incoterms 2010, die am 01.01.2011 in Kraft getreten sind, die letzte Fassung darstellen. Das bedeutet jedoch nicht, dass die vorangegangenen Fassungen ungültig sind und daher kann man sie unter ausdrücklicher Angabe der Fassung immer noch vereinbaren.

Die internationalen Handelsklauseln der ICC regeln a) den **Gefahrenübergang** vom Verkäufer zum Käufer, b) den **Kostenübergang** und c) die **Pflichten** jeder Vertragspartei (ICC 2010). Dadurch wird rechtlichen Komplikationen vorgebeugt und der internationale, aber auch der nationale, Handel erleichtert.

Incoterms sind **keine Rechtsnorm** und regeln auch nicht den Eigentumsübergang der Ware. Damit sie zur Anwendung kommen, müssen die Vertragsparteien eine Willenserklärung abgeben und deren Anwendung ausdrücklich vereinbaren. Die ICC (2010) rät Anwendern von Incoterms, dass der Ort so genau wie möglich beschrieben wird und auch die jeweilige Fassung angegeben wird (z. B. „FCA Wiedner Hauptstraße 57, A-1040 Wien, Incoterms 2010"). Bei der Ortsangabe ist zu beachten, dass der Kosten- und Gefahrenübergang nicht immer am selben Ort erfolgen. Ereignet sich beides am selben Ort, spricht man von **Einpunktklauseln** und somit ist dieser Ort zusammen mit dem Incoterm-Kürzel anzugeben. Bei **Zweipunktklauseln** ist der Ort anzugeben, bis zu dem der Verkäufer die Kosten trägt auch wenn der Gefahrenübergang schon früher erfolgt (ICC 2010). Bei Zweipunktklauseln ist es wichtig, dass im Exportvertrag sowohl der Ort des Gefahrenübergangs als auch der des Kostenübergangs spezifiziert werden.

Die derzeit elf Handelsklauseln der Incoterms 2010 können einerseits hinsichtlich ihrer Verwendung eingeteilt werden. Es gibt einige Klauseln, die für alle Transportarten (auch wenn mehrere Transportarten erforderlich sind) verwendbar sind und vier (FAS, FOB, CFR, CIF), die lediglich für die See- und Binnenschifffahrt geeignet sind. Die Incoterms lassen sich des Weiteren gemäß ihrer Anfangsbuchstaben nach **Art der Abwicklung** einteilen (IHK Stuttgart 2012):

1. Gruppe E: Abholklausel
2. Gruppe F: Absendeklauseln ohne Übernahme der Kosten für den Haupttransport durch den Verkäufer
3. Gruppe C: Absendeklauseln mit Übernahme der Kosten für den Haupttransport durch den Verkäufer
4. Gruppe D: Ankunftsklauseln

Innerhalb dieser Gruppen funktionieren die einzelnen Klauseln nach dem gleichen Grundprinzip hinsichtlich des Gefahren- und Kostenübergangs. Mit jeder Gruppe steigen die Pflichten des Verkäufers, während sich die des Käufers reduzieren.

Tab. 4.1 Übersicht über die Eigenschaften der Incoterms 2010. (Quelle: adaptiert übernommen von IHK Stuttgart 2011)

Klausel	Exportfrei-machung	Transport-vertrag	Importfrei-machung	Lieferort	Gefahrenübergang V zu K	Kostenübergang V zu K
EXW	K	K	K	Werk des Verkäufers	Lieferort	
FAS*	V	K	K	Längsseite Schiff im Verschiffungshafen	Lieferort	
FCA	V	K	K	Ort der Übergabe an den Frachtführer	Lieferort	
FOB*	V	K	K	Schiff im Verschiffungshafen	Schiffsreling	
CFR*	V	V	K	Schiff im Verschiffungshafen	Schiffsreling	Bestimmungshafen
CIF*	V	V + Vers.	K	Schiff im Verschiffungshafen	Schiffsreling	Bestimmungshafen
CIP	V	V + Vers.	K	Ort der Übergabe an ersten Frachtführer	Lieferort	Bestimmungsort
CPT	V	V	K	Ort der Übergabe an ersten Frachtführer	Lieferort	Bestimmungsort
DAP	V	V	K	Bestimmungsort	Bestimmungsort	
DAT	V	V	K	Terminal im Bestimmungshafen/-ort	Terminal im Bestimmungshafen/-ort	
DDP	V	V	V	Bestimmungsort	Bestimmungsort	
* Nur für Schiffstransport		V = Verkäufer		K = Käufer		Vers. = Versicherungspflicht

Tabelle 4.1 bietet eine Übersicht über die Eigenschaften der alphabetisch angeordneten Incoterms.

Im Folgenden werden die einzelnen Klauseln des Regelwerks Incoterms 2010 gemäß der Auslegung der ICC (2010) kurz beschrieben:

- **EXW** – Ex Works (**Ab Werk** *benannter Lieferort*)
  ist die für den Verkäufer günstigste Klausel, da sämtliche Kosten und Risiken vom Käufer zu tragen sind. Der Verkäufer hat lediglich die Pflicht die Waren, zum vereinbarten Zeitpunkt versandbereit und für den Transport geeignet, verpackt am benannten Ort bereitzustellen, muss diese jedoch weder verladen noch einen Frachtvertrag für deren Beförderung abschließen. Auch für die Ausfuhrfreimachung ist der Käufer verantwortlich, während der Verkäufer nur verpflichtet ist den Käufer soweit zu unterstützen, damit die Ausfuhr durchgeführt werden kann. Ab dem Zeitpunkt der Verladung am benannten Lieferort hat der Käufer alle Kosten und Gefahren, die die Ware betreffen, zu tragen.

- **FCA** – Free Carrier (**Frei Frachtführer** *benannter Lieferort*)
  bedeutet, dass der Verkäufer die Ware entweder bei dessen Werk oder einem anderen benannten Ort dem Käufer liefert. Im Gegensatz zu EXW, bedeutet dies, dass der Verkäufer sowohl für die Verladung auf das jeweilige Transportmittel zuständig ist, sich aber auch für die Exportfreimachung (Ausfuhrgenehmigung, Zollformalitäten, etc.) verantwortlich zeigt und die Kosten sowie die Risiken dafür trägt. Gegenüber dem Käufer hat der Verkäufer jedoch auch hier keine Verpflichtung einen Transportvertrag abzuschließen, somit hat der Käufer das Beförderungsmittel ab dem benannten Ort bereitzustellen. Die Einfuhrabwicklung liegt im Verantwortungsbereich des Käufers.

- **CPT** – Carriage paid to (**Frachtfrei** *benannter Bestimmungsort*):
  Zusätzlich zu den Verpflichtungen im Rahmen von FCA, hat der Verkäufer bei dieser Klausel auch den Beförderungsvertrag abzuschließen. Der Verkäufer übernimmt somit die Kosten bis zum Bestimmungsort sowie, falls nicht anders vereinbart, jene für die Entladung am Bestimmungsort. Der Gefahrenübergang zum Käufer erfolgt jedoch bereits am vereinbarten Lieferort sobald die Ware dem beauftragten Frachtführer übergeben wurde. Die Importfreimachung obliegt dem Käufer.

- **CIP** – Carriage and Insurance paid to (**Frachtfrei versichert** *benannter Bestimmungsort*)
  bedeutet, dass der Verkäufer sowohl einen Beförderungsvertrag als auch eine Transportversicherung mit einer Mindestdeckung bis zum Bestimmungsort abschließt. Der Verkäufer übernimmt somit die gesamten Frachtkosten sowie die Versicherungskosten, die Gefahr des Verlustes oder der Beschädigung der Ware geht aber nach Erfüllung der Lieferpflicht zum Lieferort auf den Empfänger über, welcher für die Importfreimachung verantwortlich ist sowie damit verbundene Kosten zu tragen hat.

- **DAT** – Delivered at Terminal (**Geliefert Terminal** *benannter Terminal im Bestimmungshafen/-ort*): Bei dieser Klausel kommt der Verkäufer seiner Lieferpflicht nach, sobald diese vom zuvor verwendeten Transportmittel entladen und dem Käufer am benannten Terminal im Bestimmungshafen/-ort zur Verfügung gestellt wird. Unter Terminal versteht man beispielsweise eine Lagerhalle sowie ein Straßen-, Schienen- oder Luftfrachtterminal. Der Verkäufer trägt sämtliche Kosten sowie Gefahren bis zur Entladung der Ware am benannten Terminal. Die Einfuhrformalitäten obliegen dem Käufer.

- **DAP** – Delivered at Place (**Geliefert benannter Ort** *benannter Bestimmungsort*)
  beinhaltet die Pflicht des Verkäufers, die Ware auf eigene Kosten und Gefahr zu liefern und entladebereit am benannten Bestimmungsort bereitzustellen. Für die

Importfreimachung sowie für die Entladung hat der Käufer die Kosten als auch die Gefahr des Verlustes oder der Beschädigung zu tragen.

- **DDP** – Delivered Duty Paid (**Geliefert verzollt** *benannter Bestimmungsort*) stellt die für den Käufer günstigste Handelsklausel dar. Der Verkäufer trägt nicht nur sämtliche Kosten, sondern auch Gefahren bis zum Bestimmungsort. Dies inkludiert, dass der Verkäufer sowohl einen Transportvertrag abschließt, die Waren zur Ausfuhr freimacht als auch die Importformalitäten und –kosten verantwortet. Die Lieferpflicht des Verkäufers ist damit erfüllt, dass die Ware entladebereit am ankommenden Beförderungsmittel zur Verfügung gestellt wird.

- **FAS** – Free alongside Ship (**Frei Längsseite Schiff** *benannter Verschiffungshafen*) ist entgegen der bisher beschriebenen Klauseln nur für den See- und Binnenschifffahrtstransport geeignet. Wird FAS vereinbart, trägt der Verkäufer die Kosten sowie das Risiko bis die Waren längsseits des vom Käufer angegebenen Schiffs (z. B. an einer Kaianlage oder auf einem Binnenschiff) im Verschiffungshafen geliefert ist. Wie bei den anderen F-Klauseln obliegt dem Verkäufer zwar die Exportfreimachung, die Importerfordernisse sowie der Abschluss eines Transportvertrages nach Erfüllung der Lieferpflicht des Käufers sind jedoch die Aufgaben des Käufers. Bei Containertransporten ist es üblich die Ware dem Frachtführer im Terminal zu übergeben, weshalb anstelle von FAS hier eher FCA zur Anwendung kommt.

- **FOB** – Free on Board (**Frei an Bord** *benannter Verschiffungshafen*) bedeutet, dass der Kosten- und Gefahrenübergang auf den Käufer erst dann erfolgt, wenn sich die Ware an Bord des vom Käufer bestimmten Schiffes befindet. Wie bereits bei FAS erwähnt, ist es im Containerverkehr üblich FCA anstelle von FOB zu vereinbaren. Die Einfuhrfreimachung sowie der Abschluss eines Transportvertrages obliegen dem Käufer.

- **CFR** – Cost and Freight (**Kosten und Fracht** *benannter Bestimmungshafen*) inkludiert neben der Lieferung der Ware an Bord des Schiffes und des damit verbundenen Gefahrenübergangs auch die Organisation und die Übernahme der Kosten des Transportes (inkl. der Entladung) bis zum Bestimmungshafen durch den Verkäufer. Die Lieferpflicht des Verkäufers ist jedoch zum Zeitpunkt der Verladung auf das Schiff erfüllt. Wie bei anderen C-Klauseln ist der Käufer für die Importfreimachung verantwortlich. Bei containerisierter Ware wird im Schiffsverkehr anstelle von CFR üblicherweise CPT vereinbart.

- **CIF** – Cost, Insurance and Freight (**Kosten, Versicherung und Fracht** *benannter Bestimmungshafen*) ist wie FAS, FOB und CFR nur für den Schiffsverkehr geeignet. Diese Klausel beinhaltet, neben den unter der CFR-Klausel angeführten Verpflichtungen auch, dass der Verkäufer gegen die vom Käufer getragene Gefahr des Verlustes oder der Beschädigung der Ware während des Transportes zum benannten Bestimmungshafen einen Versicherungsvertrag abschließt. CIF ist beispielsweise im Containerverkehr unüblich, weshalb in solchen Fällen häufig CIP vereinbart wird.

Hat der Verkäufer eine **Versicherungspflicht**, wie es bei CIP und CIF der Fall ist, so muss diese zumindest den im Vertrag angegebenen Preis zuzüglich 10 % decken (ICC 2010). Die Währung im Versicherungsvertrag muss mit der im Exportvertrag vereinbarten Währung übereinstimmen.

Welche Handelsklauseln vereinbart werden, hängt primär von den Interessen und der Verhandlungsposition der Geschäftspartner ab. Bei der **Auswahl der geeigneten Incoterms** sind weiters die Transporterfordernisse (wie etwa Schiffstransport) zu berücksichtigen, die die verfügbare Anzahl von passenden Klauseln bereits einschränken können. Zudem ist aber auch zu beachten, dass ein Unternehmen im Bestimmungsland registriert sein muss, um die Einfuhrfreimachung durchführen zu können. Daher werden Exporteure ohne Sitz und Erfahrung mit den Importformalitäten im Bestimmungsland (insbesondere wenn dieses außerhalb der EU ist) kaum in der Lage sein die Klausel DDP anzubieten. Generell gilt, dass die Inhalte der einzelnen Klauseln nicht zwingend zur Anwendung kommen müssen, sondern von den Parteien je nach Gegebenheiten angepasst werden können. Modifizierungen sollten jedoch eindeutig und unmissverständlich im Exportvertrag niedergelegt und die Grundprinzipien der einzelnen Gruppen beachtet werden (ICC 2010).

Frachtkosten 5

Typisch für Preise und Tarife der Logistik ist die Zusammensetzung des Preises für einen Leistungsauftrag aus einem Grundtarif und verschiedenen Leistungstarifen, wobei

- der *Grundtarif* pro Basiseinheit, pro Auftrag oder pro Auslieferung in Rechnung gestellt wird und bestimmte Basisleistungen abdeckt, während
- der *Leistungstarif* für bestimmte Leistungseinheiten in Rechnung gestellt wird und damit die mit der Leistung verbundenen Kosten abdecken soll (Gudehus 2010, S. 187).

> Der Preis für einen ausgeführten Auftrag errechnet sich demnach aus den oben angeführten Komponenten:
> *Preis = Grundtarif * Basiseinheit + Leistungstarif * Leistungseinheiten*

Beispiele für Dienstleistungen, die im Grundtarif enthalten sind:

Bearbeitungsaufträge: Grundtarif deckt alle Kosten, deren Kostentreiber der einzelne Auftrag ist. Lageraufträge: der Grundtarif deckt die Auftragsbearbeitung, das Ein- und Auslagern. Frachtaufträge: der Grundtarif deckt die Anfahrt, das Bereitstellen des Transportmittels und die Benutzung von Stationen und Umschlagpunkten (Gudehus 2010, S. 187 f.).

> Gebräuchliche Tarifsysteme für die Fahrt einer Transporteinheit [TE]:
> **Grundtarif** *(€/TE)* + **Entfernungstarif** *(€/TE-km)*
> **Relationspreise** *in € pro TE* für definierte Transportrelationen
> **Zonentarife** *in € pro TE* für definierte Entfernungszonen (Gudehus 2010, S. 188)

© Springer Fachmedien Wiesbaden 2015
W. Leitner, *Logistik, Transport und Lieferbedingungen als Fundament des globalen Wirtschaftens*, essentials, DOI 10.1007/978-3-658-10715-4_5

Einflussfaktoren auf die Frachtkosten (Gudehus 2010, S. 957 ff.):

- Frachtkosten hängen für alle Versandarten und Abwicklungsformen sehr stark von der Sendungsgröße ab.
- Frachtkosten nehmen beinahe linear mit der Größe der Packstücke zu.
- Eine Verdoppelung der Sendungsgröße bringt mehr als eine Halbierung der Frachtkosten.
- Ganzladungstransport mit mehr als 22 Paletten oder 11 t ist kostengünstiger als der Teilladungstransport.
- Die Optimalitätsgrenzen zwischen den verschiedenen Versandarten hängen von Größe und Gewicht der Verpackungseinheiten, dem Frachtaufkommen und der Entfernung zwischen Quell- und Zielgebiet ab.
- Mit abnehmendem Frachtaufkommen steigen die Frachtkosten für Stückgut- und Paketsendungen.
- Frachtkosten nehmen für alle Sendungsarten mit der Entfernung linear zu, überproportional für Stückgut- und Paketsendungen.

Im Containerverkehr werden neben der Grundseefracht typischerweise folgende Frachtkostenelemente in Rechnung gestellt:

- Kosten für Vorlauf bzw. Positioning Charges oder Lift-on/Lift-off-Charge bzw. Equipment-Hand-over-Charges,
- Allgemeine Hafenumschlagskosten, wie LCL-Break-Bulk-Service-Charge oder Container-Service-Charge (CSC) bzw. Terminal-Handling-Charge (THC),
- Lastlauffrachten, Frachtabrechnung für den Vor- bzw. Nachlauf bzw. spezifische Frachtabrechnungen der jeweiligen Frachtführer (Bischof et al. 2005, S. 325).

Im Übrigen hängen die Container-Frachtraten ganz stark mit der Nachfrage nach Containern für bestimmte Versandrouten zusammen. Als Beispiel können die unterschiedlich hohen, weil unterschiedlich ausgelasteten Routen zwischen Shanghai und Europa herangezogen werden. Ganz wesentlichen Einfluss auf die Preise haben insbesondere die Nachfrageänderungen innerhalb einer Zeitperiode (siehe Abb. 5.1):

Natürlich gibt es ganz klar auch weiterhin das Auslastungsgefälle zwischen China und Europa, da der Warenverkehr doch deutlich stärker in Ost-West-Richtung fließt als umgekehrt. Container-Versand von Europa nach Asien ist in angebotsschwachen Zeiten beinahe gratis, da ansonsten die Leercontainer ohnehin transportiert werden müssten.

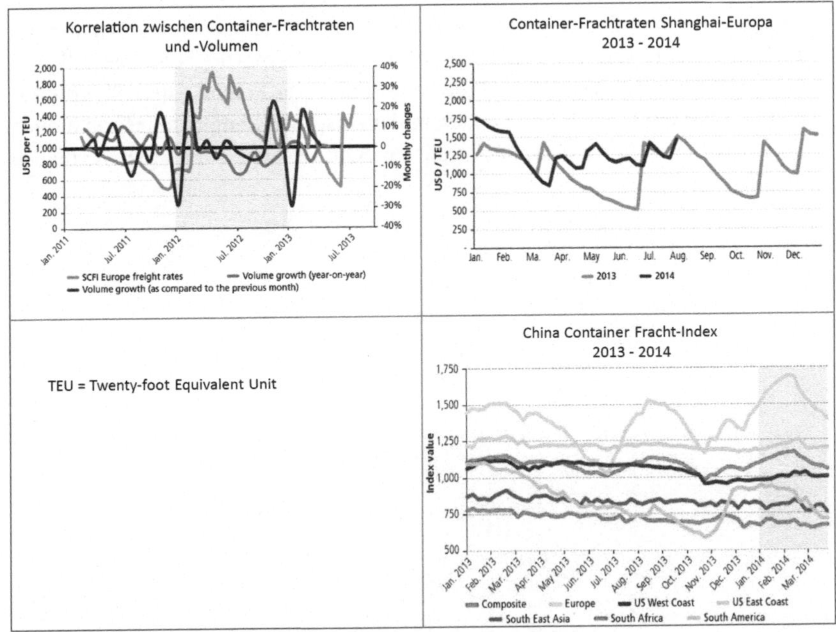

Abb. 5.1 Frachtraten für Container im Asien-Europa-Verkehr. (Quelle: BIMCO.org, online)

Allgemein sind die Kosten im Seefrachtverkehr abhängig von der Seefrachtrate, dem Gewicht bzw. der Kubatur der Ware und dem Wert oder der Gefährlichkeit der Ware (Gefahrgüter haben erhöhte Frachten). Zusätzlich gibt es Zuschläge für Schwergut-, Längen-, Nachnahme- und Hafenzuschläge oder etwa Winterzuschläge für Ostseehäfen (Schütt 2011, S. 162).

Was Sie aus dem Essential mitnehmen können

Dieses Essential zum Thema Transportlogistik soll dem Leser einen möglichst kompakten Überblick über die wesentlichen Themenbereiche der Transportlogistik vermitteln.

Gerade dieser Ansatz einer kompakten Information soll demnach die Möglichkeit bieten sich schnell über mögliche Transportkategorien aus theoretischer Sicht zu informieren, einschließlich der Möglichkeit einer Kategorisierung im Sinne einer strukturierten Informationsübermittlung.

Damit wird sowohl Studierenden als auch Praktikern und Unternehmen die Möglichkeit eröffnet, sich schnell einen Überblick über die wesentlichen Themenbereiche der Transportlogistik zu verschaffen. Selbstverständlich werden auch die wichtigsten Konditionsparameter der Transportlogistik, speziell sind dies die Lieferbedingungen und die Berechnung der Frachtkosten, überblicksmäßig dargestellt. Auch hier wiederum der Anspruch kompakte Informationen in strukturierter Form anzubieten, die für Studium und Praxis gleichermaßen nützlich sein kann.

Literatur

Bauknight D (2000) The supply chain's future in the e-Economy. Supply Chain Manage Rev 4(1):28–36

Baumgarten H et al (Hrsg) (2004) Supply Chain Steuerung und Services. Springer, Berlin

BIMCO.org (2014) Market analysis. https://www.bimco.org/Reports/Market_Analysis/2014/0410_ContainerSMOO.aspx. Zugegriffen: 20. Okt. 2014

Bischof K, Meiser H, Pyell G, Roj G, Stadler U, Wagner G (2005) Leistungserstellung in Spedition und Logistik. Stam Verlag, Troisdorf

Branch A (2006) Export practice and management, 5 Aufl. Thomson, London

Brinkmann B (2004) Seehäfen – Planung und Entwurf. Springer, Berlin

Büter C (2010) Außenhandel: Grundlagen globaler und innergemeinschaftlicher Handelsbeziehungen, 2 Aufl. Springer, Berlin

Coyle J, Novack R, Gibson B, Bardi E (2003) Mangement of transportation. O.O.: South-Wester Cengage Learning

Frohn J (2006) Mehrwertleistungen in der Kontraktlogistik. Dissertation der Universität St. Gallen. Shaker Verlag, Aachen

Gudehus T (2010) Logistik – Grundlagen, Strategien, Anwendungen, 4, akt. Aufl. Springer, Heidelberg

ICC (2010) Incoterms 2010: Die Regeln der ICC zur Auslegung nationaler und internationaler Handelsklauseln. o.V., Berlin

IHK Stuttgart (2012) International: Internationales Wirtschaftsrecht: Internationale Liefergeschäfte: Incoterms: Incoterms® 2010. http://www.stuttgart.ihk24.de/international/Internationales_Wirtschaftsrecht/Internationale_Liefergeschaefte/Incoterms/967584/Incoterms_2010.html;jsessionid=BA0905576A9E08A3B863CCBB582B2CC2.repl21. Zugegriffen: 29. Okt. 2012

IHK Stuttgart (2011) Gefahr- und Kostentragung bei den Incoterms 2010. http://www.stuttgart.ihk24.de/linkableblob/1084394/.7./data/Incoterms_2010_Uebersicht-data.pdf. Zugegriffen: 22. Okt. 2012

Jahrmann F.-U (2010) Außenhandel, 13 Aufl. Kiehl, Herne

Kasture S, Qureshi M, Kumar P, Gupta I (2008) FAHP sensitivity analysis for selection of Third Party Logistics (3PL) service provider. Icfai Univ J Supply Chain Manage V(4):41–60

Kummer S, Grün O, Jammernegg W (Hrsg) (2009) Grundzüge der Beschaffung, Produktion und Logistik, 2 Aufl. Pearson Studium, München

© Springer Fachmedien Wiesbaden 2015
W. Leitner, *Logistik, Transport und Lieferbedingungen als Fundament des globalen Wirtschaftens,* essentials, DOI 10.1007/978-3-658-10715-4

Kummer S, Schramm H.-J, Sudy I (2010) Internationales Transport- und Logistikmanagement. Facultas, Wien

Love J (2004) 3PL/4PL-Where next? Focus J Inst Logist Transp 2004:18–21

Mangan J, Lalwani Ch, Butcher T (2011) Global logistics and supply chain management. Wiley, London

Muller E. J. (1993) The top guns of third-party logistics. Int J Phys Distrib Logist Manag 28(2):30–38.

Nissen V, Bother M (2002) Fourth Party Logistics – ein Überblick. Logistik Management 4(1):16–26

O.V (2005) Logistikdienstleister: Dienstleistungsmanagement. Logistik Heute (2005), Nr. 4. http://www.logistik-heute.de/print/7120

O.V (2012) 5PL – Fifth Party Logistics Provider. Logistikbranche. http://www.logistikbranche.net/glossar/5pl-fifth-party-logistics-provider.html. Zugegriffen: 10. Nov. 2014

Razzaque M, Sheng C (1998) Outsourcing of logistics functions: a literature survey. Int J Phys Distrib Logist Manage 28(2):89–107

Reuvid J, Sherlock J. (2011) International Trade An essential guide to the principles and practice of export. http://http://samples.sainsburysebooks.co.uk/9780749462383_sample_129334.pdf. Zugegriffen: 14. Juli 2015

Schulte C (2009) Logistik: Wege zur Optimierung der Supply Chain, 5 Aufl. Franz Vahlen, München

Schütt R (2011) Import-Export Business: Praktiker-Handbuch für den Einstieg in den internationalen Handel mit den interessantesten Informations- und Bezugsquellen weltweit. Schütt, Marburg

Zadek H (2004) Struktur des Logistik-Dienstleistungsmarktes. In: Baumgarten H et al (Hrsg) Supply Chain Steuerung und Services. Springer, Berlin, S 15–29